KB086561

토익 기본기 완성　　　　　　　　　Week **04**

빈출 장면_매장

상점이나 식당이 배경인 사진 문제는 매달 1문제 정도 출제됩니다. 의류(잡화) 매장이나 마트에 물건들이 진열되어 있는 모습, 손님의 행동을 묘사하는 문장들이 주로 출제됩니다.

■ 기출 문장 익히기

Shoes are on display.
Shoes are displayed.
신발들이 진열되어 있다.

Merchandise is arranged on shelves.
The shelves are stocked with items.
선반에 상품들이 진열되어 있다.

Some vendors are selling merchandise.
상인들이 상품을 판매하고 있다.

She's weighing some merchandise on a scale.
상품을 저울에 달고 있다.

Clothes are hanging on racks.
옷들이 옷걸이에 걸려 있다.

A woman is reaching for an item.
물건에 손을 뻗고 있다.

A woman is paying for her purchase.
구매품에 대해 계산하고 있다.

A woman is trying on shoes.
신발을 신어보고 있다.

They are shopping for clothing.
의류 쇼핑을 하고 있다.

점수 UP Part 1이 좋아하는 상위 개념 어휘

- items 물건들 (모든 종류의 상품 통칭)
- products, goods, merchandise 제품, 상품
- supplies 물품
  - cf. office supplies 사무용품
- baked goods 제과류
- produce 농산물
- groceries 식료품

- tools 연장
- purchase 구매품
- beverage 음료
- refreshments 다과류
- materials 재료, 자료
  - cf. reading materials 읽을거리
- vehicle 차량

Quiz 음원을 듣고 사진을 바르게 묘사한 문장이면 O, 아니면 X에 표시하고, 빈칸을 채워보세요.

1

(A) She's _____ for clothing. [O X]
(B) Clothes are _____ on racks. [O X]

2

(A) She's _____ items into the [O X]
shopping cart.
(B) The shelves are _____ with [O X]
items.

정답 및 해설 p. 23

Practice

| 정답 및 해설 p. 23

▲ MP3 바로듣기　　▲ 강의 바로보기

오늘 배운 내용을 바탕으로 연습문제를 풀어 보세요.

1

2

3

4

5

Today's VOCA

▲ MP3 바로듣기

01 productivity ★★

프뤄덕티뷔티 [proudʌktívəti]

명 생산성

increase employee **productivity**
직원들의 생산성을 높이다

파 produce 통 생산하다 명 농산품

02 merchandise ★★

머ㄹ췬다이(즈) [mɔ́ːrtʃəndaiz]

명 상품

sell various **merchandise** on the Web site
웹사이트에서 다양한 상품을 판매하다

03 instruction ★★

인스추뤅션 [instrʌ́kʃən]

명 설명(서), 안내, 지시, 지침

provide step-by-step **installation**
instructions
단계적인 설치 안내를 제공하다

파 instruct 통 지시하다, 가르치다

04 operate ★★

아퍼뤠잇(트) [ápəreit]

통 운행하다, 운영하다, 영업하다, 작동하다

operate a new bus route
새 버스 노선을 운행하다

파 operation 명 운영, 작동, 운행

05 unique ★★

유니-(크) [juːníːk]

형 독특한, 특이한

develop a **unique** process
독특한 공정을 개발하다

06 manufacturer ★★

매뉴뺙춰러ㄹ [mænjufǽktʃərər]

명 제조업체

the world's largest **manufacturers** of
power tools
세계 최대의 전동기구 제조업체들

파 manufacturing 명 제조

07 operation ★★

아퍼뤠이션 [ɑpəréiʃən]

명 사업체, 운영, 작동, 운행

expand its **operations** nationwide
사업체를 전국으로 확장하다

파 operational 형 가동되는, 운영상의

08 focus ★★

뽀우커스 [fóukəs]

통 집중하다, 초점을 맞추다 명 초점, 중점

focus on developing new material
새로운 재료를 개발하는 데 집중하다

* focus on ~에 집중하다

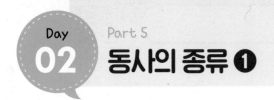

📖 자동사

영어 문장의 필수 요소 중 하나인 동사는 자동사와 타동사로 분류할 수 있습니다. 자동사는 주어 뒤에 혼자 쓰일 수 있는 1형식 자동사와 주어의 상태를 설명하는 주격 보어를 가지는 2형식 자동사로 구분합니다.

■ 1형식 자동사

1형식 자동사가 쓰이는 문장의 기본 구조는 「주어 + 동사」이며, 동사 뒤에 목적어나 보어가 올 수 없습니다. 대신, 상황을 보충 설명할 수 있는 부사 또는 전치사구가 뒤에 올 수 있습니다. 전치사구는 부사처럼 수식의 역할을 합니다. 토익에서는 1형식 자동사를 정답으로 고르거나 1형식 자동사 뒤에 위치한 빈칸에 들어갈 부사를 고르는 유형으로 출제됩니다.

arrive 도착하다	travel 출장 가다	return 돌아가다	be동사 있다	stay 머무르다
happen 발생하다	occur 발생하다	work 일하다	look 보다	succeed 성공하다
increase 증가하다	decrease 감소하다	rise 상승하다	drop 하락하다	grow 증가하다

⋯⋯ 동사 뒤에 있어 목적어나
보어처럼 보이지만 전치사구예요.

Mr. Simpson **worked** with me at a financial company before.
심슨 씨는 전에 나와 함께 금융회사에서 일했다.

3초 퀴즈

I ------- at the concert early.

(A) arrived
(B) reached

Our sales rose **significantly** after we launched a new campaign.
우리가 새로운 캠페인을 시작한 후에 매출이 상당히 증가했다.

2형식 자동사

2형식 자동사는 자동사이지만 뒤에 형용사나 명사 주격보어를 가질 수 있습니다. 토익에서는 주로 형용사 보어를 고르는 문제가 출제됩니다. 명사가 주격보어 자리에 오는 경우는 주어와 동일한 대상인지 꼭 확인 해야 합니다. 주격보어가 동사 뒤에 위치하지만 목적어가 아닌 이유는 동사의 행위 대상이 아니라 주어를 설명하는 말이기 때문입니다.

be동사 ~이다	**become** ~이 되다	**look** ~하게 보이다	**seem** ~하게 보이다
remain ~한 상태로 있다	**stay** ~한 상태로 있다	**get** ~해지다	**grow** 점점 ~해지다
go ~한 상태가 되다	**prove** ~임이 드러나다		

내 주문품 = 분실된 상태

My orders **went** <u>missing</u> during shipping.
내 주문품이 배송 중에 분실된 상태가 되었다.

You should **remain** <u>seated</u> throughout the lecture.
강의가 진행되는 내내 자리에 앉아 계셔야 합니다.

 점수UP **1형식 자동사와 2형식 자동사로 모두 사용될 수 있는 동사**

be동사, look, stay, grow, remain 등의 자동사는 1형식과 2형식으로 모두 사용될 수 있으며, 이때 의미가 달라지 므로 유의해야 합니다.

	1형식 자동사	2형식 자동사
be동사	있다	~이다
look	보다	~하게 보이다
stay	머무르다	~한 상태로 있다
grow	증가하다	점점 ~해지다
remain	남다	~한 상태로 있다

▲ 강의 바로보기

오늘 배운 내용을 바탕으로 연습문제를 풀어 보세요.

1 Some of our employees will ------- to overseas offices to learn about the global market.

(A) travel   (B) visit
(C) prefer   (D) take

memo _____

2 After the merger, Astra Corporation became very -------.

(A) profit   (B) profitable
(C) profits   (D) profiting

3 After a trial of the new software, the shipping department decided to ------- to their original system.

(A) resist   (B) request
(C) recover   (D) return

4 Mr. Evans will review the documents to make sure that all of the forms are -------.

(A) complete   (B) completely
(C) completion   (D) completes

5 Wild Travel Company's sales figures have risen ------- over the last ten years.

(A) sharp   (B) sharply
(C) sharpen   (D) sharpness

Today's VOCA

01 conduct ★★
동 컨덕트 [kəndʌ́kt] 명 칸덕트 [kándʌkt]
동 실시하다, 수행하다 명 행동, 처신

conduct an inspection
검사를 실시하다

02 commitment ★★
커밋먼(트) [kəmítmənt]
명 헌신, 전념, 약속

show commitment to improving work environments
근로환경을 개선하는 데 헌신을 보이다

03 ongoing ★
안고우잉 [ángouiŋ]
형 진행 중인

ongoing research project
진행 중인 연구 프로젝트

04 functional ★
뻥셔널 [fʌ́ŋkʃənl]
형 가동 중인, 작동하는

remain functional
계속 가동 중이다
🔁 function 동 기능하다 명 기능, 행사

05 correct ★
커뤤(트) [kərékt]
동 바로잡다 형 정확한, 맞는, 옳은, 적절한

correct an error
오류를 바로잡다
🔁 correctly 부 올바르게, 정확하게

06 assembly ★
어쎔블리 [əsémbli]
명 조립

reorganize the assembly line
조립 라인을 재정비하다
🔁 assemble 동 조립하다, 모이다, 모으다

07 study ★
스터디 [stʌ́di]
명 연구, 학업 동 연구하다, 배우다, 조사하다

A new study suggests that
새로운 연구 결과는 ~라는 사실을 보여준다

08 assemble ★
어쎔블 [əsémbl]
동 조립하다, 모이다, 모으다

assemble a new line of digital cameras
신형 디지털 카메라들을 조립하다
🔁 assembly 명 조립

빈출 장면_주택 / 기타 실내

▲ MP3 바로듣기

▲ 강의 바로보기

주택 사진에는 부엌과 거실이 가장 많이 등장하며, 정원이나 외부 전경도 종종 나옵니다. 정원을 가꾸거나 청소하는 것과 관련된 동사 표현들을 알아 두는 것이 좋습니다.

■ 기출 문장 익히기

Some light fixtures are hanging from the ceiling.
조명 기구가 천장에 매달려 있다.

A potted plant has been placed in the corner.
화분이 구석에 놓여 있다.

Pillows have been set [arranged] on a couch.
쿠션이 소파 위에 놓여 있다.

Some artwork is hanging on the wall.
예술 작품이 벽에 걸려 있다.

Some curtains have been closed.
커튼이 닫혀 있다.

A wall is decorated with a pattern design.
벽이 무늬로 장식되어 있다.

She's mopping the floor.
대걸레질을 하고 있다.

He is using a garden tool.
정원 도구를 사용하고 있다.

Tools are propped against a wall.
연장들이 벽에 받쳐져 있다.

점수 UP 주택 내부 사진에서 확인해야 할 요소

- sofa, couch(소파), cushion, pillow(베개, 쿠션)
  → 소파 위에 있는 물건(쿠션 등)의 위치 확인
- window, door, curtain
  → 창문, 문, 커튼의 상태(열려 있는지 닫혀 있는지) 확인
- lamp, light bulb(전구), light fixture(조명기구)
  → 조명기구의 전원 상태 및 위치 확인
- counter(조리대), plate(접시), cup, mug, cookware(조리기구)
  → 조리대 위에 식기의 종류 및 위치 확인
- potted plant(화분), painting(그림), artwork(예술 작품)
  → 화분, 액자 등의 위치 확인

Quiz 음원을 듣고 사진을 바르게 묘사한 문장이면 O, 아니면 X에 표시하고, 빈칸을 채워보세요.

1

(A) The woman is _____ the floor. [O X]
(B) The woman is _____ cushions. [O X]

2

(A) A screen is _____ on the wall. [O X]
(B) A sofa is being _____ into a [O X]
    corner.

| 정답 및 해설 p. 26

Practice 정답 및 해설 p. 26

▲ MP3 바로듣기 ▲ 강의 바로보기

오늘 배운 내용을 바탕으로 연습문제를 풀어 보세요.

1

2

3

4

5

Today's VOCA

01 analyze
애널라이(즈) [ǽnəlaiz]
동 분석하다

be further **analyzed**
더 깊이 분석되다
파 **analysis** 명 분석

02 option
압션 [ápʃən]
명 선택(권)

You have three **options**.
세 가지 선택권이 있습니다.
파 **optional** 형 선택적인

03 dedicated
데디케이팃 [dédikeitid]
형 전념하는, 헌신하는

be **dedicated** to conserving the environment
환경을 보존하는 데 전념하다
파 **dedication** 명 헌신, 전념

04 inspection
인스펙션 [inspékʃən]
명 검사, 검열

conduct an **inspection** of the factory
공장에 대한 검사를 실시하다
파 **inspect** 동 검사하다, 점검하다

05 committed
커미팃 [kəmítid]
형 전념하는, 헌신하는

be **committed** to serving the needs of
~의 필요를 충족하는 데 전념하다
파 **commitment** 명 헌신, 전념

06 eager
이-거ㄹ [í:gər]
형 간절히 바라는, 열렬한, 열심인

be **eager** to expand its business in South America
남미에서의 사업 확장을 간절히 바라다
파 **eagerly** 부 열망하여, 열심히, 간절히

07 material
머티(어)뤼얼 [mətíəriəl]
명 재료, 원료, 물질, 자료

highest-quality **materials**
최고 품질의 재료

08 part
파ㄹ앗 [pɑːrt]
명 부품, 부분 동 분리하다, ~에서 떠나다

double-check the **parts** before shipping
배송하기 전에 부품을 다시 점검하다

DAY 03

Part 1 받줄 정면_주택/기타 실내

📖 타동사

타동사는 뒤에 목적어를 반드시 필요로 합니다. 목적어로는 명사 역할을 할 수 있는 명사, 대명사, 동명사, to부정사, 명사절을 사용할 수 있고, '~을/를'이라고 해석합니다. 타동사에는 한 개의 목적어를 가지는 3형식 타동사, 2개의 목적어를 가지는 4형식 타동사, 그리고 1개의 목적어와 1개의 목적격보어를 가지는 5형식 타동사가 있습니다.

■ 3형식 타동사

3형식 타동사는 하나의 목적어를 필요로 하기 때문에 「주어 + 동사 + 목적어」의 구조를 가집니다. 영어의 대부분의 동사가 3형식 타동사이므로 따로 암기할 필요가 없습니다.

We **offer** free shuttle service to the airport.
저희는 공항으로 가는 무료 셔틀버스 서비스를 제공합니다.

We will **open** a store this month in New York.
우리는 이번 달에 뉴욕에 매장 하나를 개장할 것이다.

■ 4형식 타동사

4형식 타동사는 뒤에 2개의 목적어를 가집니다. 동사 바로 뒤에 오는 목적어는 사람목적어(= 간접목적어)이고, 그 바로 뒤에 나오는 목적어는 사물목적어(= 직접목적어)라고 합니다. 4형식 타동사는 이렇게 목적어 2개를 가져서 「주어 + 동사 + 간접목적어 + 직접목적어」 구조로 사용됩니다. 이 동사들은 기본적으로 '사람에게 사물을 준다'는 의미를 가지기 때문에 수여동사라고도 부릅니다.

give 주다	send 보내주다	offer 제공하다	show 보여주다	teach 가르쳐주다
award 상을 주다	grant 허락하다	bring 가져다주다	lend 빌려주다	

간접목적어(~에게)　　직접목적어(~을/를)
Ms. Gomez **sent me** this month's sales report.
고메즈 씨는 나에게 이달의 매출 보고서를 보내주었다.

⌐⌐⌐⌐ this month's sales report 전체가 하나의 직접목적어예요.

5형식 타동사

5형식 타동사는 목적어와 목적격보어를 가집니다. 5형식 타동사의 목적어만으로는 충분한 의미를 나타내지 못하기 때문에 목적어를 보충 설명하는 목적격보어가 와야 합니다. 목적격보어 자리에는 명사, 형용사, to부정사, 분사 등이 올 수 있습니다. 토익에서는 주로 문장에 제시된 5형식 타동사를 보고 목적격보어 자리인 빈칸에 들어갈 것을 고르는 유형 또는 목적어와 목적격보어를 보고 5형식 타동사를 고르는 유형으로 출제됩니다.

name 이름 짓다 call 부르다 appoint 임명하다			명사 보어
find 생각하다 keep 계속하다 consider 여기다 deem 생각하다	+	목적어 +	형용사 보어
ask 요청하다 require 요구하다 advise 조언하다 allow 허용하다 encourage 권고하다 enable ~할 수 있게 하다			to부정사 보어

Many book critics consider Blake's new work successful.
많은 도서 비평가들은 블레이크 씨의 새로운 작품이 성공적이라고 여긴다.

A powerful PC would enable employees to perform better.
성능이 강력한 개인용 컴퓨터는 직원들이 업무 수행을 더 잘 하도록 해줄 것이다.

········ to perform은 목적격보어로 목적어인
employees가 할 행위를 나타내요.

오늘 배운 내용을 바탕으로 연습문제를 풀어 보세요.

1 Inskill Company would like to ------- costs by introducing a new packaging system.

(A) happen   (B) succeed
(C) rise   (D) reduce

2 In order to ------- factory workers full protection, management requires them to wear a hard hat.

(A) hold   (B) experience
(C) complete   (D) give

3 Mr. Lesley ------- the new software beneficial when he managed the customer database.

(A) received   (B) found
(C) renewed   (D) increased

4 By opening a plant in Frankfurt, Lyndon Motors will ------- its operations in Europe.

(A) grant   (B) occur
(C) expand   (D) arrive

5 We will ask you ------- new items to our product list on the Web site.

(A) add   (B) adds
(C) adding   (D) to add

memo

▲ MP3 바로듣기

---

01 announce ★★★★

어나운스 [ənáuns]

⑧ 발표하다, 알리다

announce the sales figures for December
12월의 매출 수치를 발표하다

🅟 **announcement** 몡 발표, 공지

---

02 result ★★★★

뤼절(트) [rizʌ́lt]

몡 결과 ⑧ 초래하다(in), 기인하다(from)

the **results** of the recent survey
최근 설문조사 결과

---

03 notify ★★★

노-터빠이 [nóutəfai]

⑧ 알리다, 통지하다

notify Ms. Bromley of one's decision
브롬리 씨에게 결정을 알리다

🅟 **notification** 몡 알림, 통지

---

04 extend ★★★

익스텐(드) [iksténd]

⑧ (기한을) 연장하다, 확장하다, 전하다, 주다

extend one's operating hours
영업시간을 연장하다

🅟 **extended** 혱 연장된, 장시간의, 긴

---

05 routine ★★

루-티인 [ru:tíːn]

혱 정기적인, 틀에 박힌, 일상적인

conduct **routine** maintenance checks
정기적인 관리 점검을 실시하다

🅟 **routinely** 뷔 일상적으로, 정기적으로

---

06 reliable ★★

륄라이어블 [riláiəbl]

혱 신뢰할 만한

provide **reliable** information
신뢰할 만한 정보를 제공하다

---

07 recent ★★

뤼슨(트) [ríːsnt]

혱 최근의

the **recent** merger of A and B
최근에 있었던 A와 B의 합병

🅟 **recently** 뷔 최근에

---

08 continue ★★

컨티뉴 [kəntínjuː]

⑧ 계속하다, 계속되다

if your computer **continues** to malfunction
컴퓨터가 계속 제대로 작동하지 않으면

Weekly Test

정답 및 해설 p. 28

VOCA

● 단어와 그에 알맞은 뜻을 연결해 보세요.

1 commitment •   • (A) 사업체, 운영, 작동, 운행

2 result •   • (B) 결과, 초래하다, 기인하다

3 operation •   • (C) 헌신, 전념, 약속

● 다음 빈칸에 알맞은 단어를 선택하세요.

4 provide ------- information
신뢰할 만한 정보를 제공하다

5 be ------- to expand its business in South America
남미에서의 사업 확장을 간절히 바라다

(A) eager
(B) functional
(C) reliable

6 remain -------
계속 가동 중이다

● 실전 문제에 도전해 보세요.

7 The product testing division will ------- a customer survey in July.

(A) appoint   (B) operate
(C) inspect   (D) conduct

8 Passengers should ------- a flight attendant if they wish to move to another seat.

(A) extend   (B) instruct
(C) notify   (D) announce

한 주 동안 학습한 내용을 적용하여 기출변형 문제들을 풀어 보세요.

▲ MP3 바로듣기   ▲ 강의 바로보기

1

2

3

4

5

한 주 동안 학습한 내용을 적용하여 기출변형 문제들을 풀어 보세요.

▲ 강의 바로보기

1 Please be sure to ------- at the main entrance in time so that you can obtain a security pass.

(A) arrive
(B) bring
(C) secure
(D) find

2 The distribution of publications will ensure that research findings ------- a wider audience.

(A) stay
(B) reach
(C) award
(D) arrive

3 Parents should ------- teachers informed of any changes in their children's dietary needs.

(A) keep
(B) notify
(C) talk
(D) help

4 Ms. Park expects today's outdoor market to ------- open despite reports of bad weather.

(A) hold
(B) remain
(C) continue
(D) maintain

5 Some employment experts have identified five words that can be useful in persuading your boss to ------- you a raise.

(A) implement
(B) react
(C) give
(D) consider

6   Employees who will ------- the writing seminar must register by May 15.

   (A) admit
   (B) participate
   (C) attend
   (D) proceed

7   The software developed by KeachTech Industries will ------- users to automate many database tasks.

   (A) avoid
   (B) provide
   (C) show
   (D) allow

8   Some of the writers working for *The Walrus* ------- to international locations in a small group.

   (A) travel
   (B) remain
   (C) lend
   (D) appoint

9   Exciting DVD Company ------- customers a choice between video on demand and overnight shipping of new releases.

   (A) offers
   (B) suggests
   (C) instructs
   (D) recommends

10 Our human resources director only ------- applications from three people interested in the position.

   (A) received
   (B) retired
   (C) applied
   (D) looked

Week **04**
정답 및 해설

Day 01 빈출 장면_매장

Quiz

1.

(A) She's <u>shopping</u> for clothing. [O]
(B) Clothes are <u>hanging</u> on racks. [O]

(A) 여자가 옷을 사기 위해 쇼핑하고 있다.
(B) 여러 옷이 옷걸이에 걸려 있다.

어휘 **clothing** 의류 cf. **cloth** 옷 한 점 **hang** 매달리다
rack 옷걸이

2.

(A) She's <u>putting</u> items into the shopping cart. [X]
(B) The shelves are <u>stocked</u> with items. [O]

(A) 여자가 쇼핑 카드에 물건들을 넣고 있다.
(B) 선반이 물건들로 채워져 있다.

어휘 **put A into B:** A를 B에 넣다 **item** 물건, 제품 **shelf** 선반
cf. 복수형은 shelves **stock** ~을 채우다

Practice

1. (D)   **2.** (A)   **3.** (A)   **4.** (A)   **5.** (B)

1.

(A) The woman is picking up packages.
(B) The woman is looking in a display case.
(C) The woman is putting shoes in the bag.
(D) The woman is trying on shoes.

(A) 여자가 소포를 집어 들고 있다.
(B) 여자가 진열장 안을 들여다보고 있다.
(C) 여자가 신발을 가방에 넣고 있다.
(D) 여자가 신발을 착용해 보고 있다.

정답 (D)

해설 (A) 여자가 소포를 집어 드는 동작을 하는 것이 아니므로 오
　　　답.
　　(B) 여자가 진열장 안을 들여다보는 것이 아니므로 오답.
　　(C) 여자가 신발을 가방에 넣는 동작을 하는 것이 아니므로 오
　　　답.
　　(D) 여자가 신발을 착용해 보는 동작을 하고 있으므로 정답.

어휘 **pick up** ~을 집어 들다 **package** 소포, 꾸러미 **look in**
~ 안을 들여다보다 **display case** 진열장 **try on** ~을 (한번)
착용해 보다

2.

(A) A woman is pushing a shopping cart.
(B) A woman is paying for her purchase.
(C) A woman is putting on a jacket.
(D) A woman is sweeping the floor.

(A) 여자 한 명이 쇼핑 카트를 밀고 있다.
(B) 여자 한 명이 구입품에 대한 비용을 지불하고 있다.

(C) 여자 한 명이 재킷을 착용하는 중이다.
(D) 여자 한 명이 바닥을 빗자루로 쓸고 있다.

정답 (A)

해설 (A) 여자가 쇼핑 카트를 밀고 있으므로 정답.
(B) 여자가 돈을 지불하는 모습이 아니므로 오답.
(C) 여자가 재킷을 이미 착용한 상태(wearing)이므로 오답.
(D) 여자가 바닥을 쓸고 있는 모습이 아니므로 오답.

어휘 **push** ~을 밀다 **pay for** ~에 대한 비용을 지불하다
purchase n. 구입(품) **put on** (동작) ~을 착용하다, 입다
sweep ~을 빗자루로 쓸다

3.

(A) Some jewelry is on display.
(B) They're looking in a drawer.
(C) Items are being placed into boxes.
(D) A woman is purchasing a watch.

(A) 일부 장신구가 진열되어 있다.
(B) 사람들이 서랍 안을 들여다보고 있다.
(C) 제품들이 상자 안에 놓이는 중이다.
(D) 여자 한 명이 시계를 구입하고 있다.

정답 (A)

해설 (A) 장신구가 진열되어 있는 상태이므로 정답.
(B) 서랍이 아니라 진열장(display case)을 들여다보고 있으므로 오답.
(C) 물건을 상자에 담는 동작을 하는 사람이 없으므로 오답.
(D) 시계를 구매하는 동작을 하는 사람이 없으므로 오답.

어휘 **jewelry** 장신구, 보석 **on display** 진열 중인, 전시 중인
look in ~ 안을 들여다보다 **drawer** 서랍 **place A into B:**
A를 B 안에 놓다, 넣다 **purchase** ~을 구입하다

4.

(A) Books have been arranged on shelves.
(B) Books are stacked in the corner.
(C) A man is assembling some shelves.
(D) A man is climbing up the stairs.

(A) 책들이 선반에 정리되어 있다.
(B) 책들이 구석에 쌓여 있다.
(C) 남자 한 명이 몇몇 선반을 조립하고 있다.
(D) 남자 한 명이 계단을 올라가고 있다.

정답 (A)

해설 (A) 책들이 선반에 정리되어 있는 상태이므로 정답.
(B) 구석에 책이 쌓여 있지 않으므로 오답.
(C) 남자가 선반을 조립하는 동작을 하고 있지 않으므로 오답.
(D) 남자가 계단을 올라가는 동작을 하고 있지 않으므로 오답.

어휘 **arrange** ~을 정리하다, 정렬하다 **shelf** 선반 **stack** ~을
쌓다 **in the corner** 구석에 **assemble** ~을 조립하다
climb up ~을 올라가다 **stairs** 계단

5.

(A) Some potted plants have been displayed.
(B) A woman is reaching for an item on a shelf.
(C) A woman is paying for some fruits.
(D) Some farm produce is placed on a table.

(A) 몇몇 화분들이 진열되어 있다.
(B) 여자가 선반에 있는 물건에 손을 뻗고 있다.
(C) 여자가 몇몇 과일에 대한 비용을 지불하고 있다.
(D) 몇몇 농산물이 테이블에 놓여져 있다.

정답 (B)

해설 (A) 화분이 아닌 과일들이 진열되어 있으므로 오답.

(B) 여자가 선반에 있는 과일을 집으려고 손을 뻗고 있으므로 정답.

(C) 여자는 값을 지불하고 있는 것이 아니라 과일을 고르고 있는 행동을 하고 있으므로 오답.

(D) 사진 속에 테이블이 없으므로 오답.

어휘 plant 식물 display ~을 진열하다, 전시하다 reach for ~에 손을 뻗다 item 물품 pay for ~에 대해 값을 지불하다 place v. ~을 놓다, ~을 두다 farm produce 농산물, 농작물

Day 02 동사의 종류 ❶

3초 퀴즈

정답 (A)

해석 나는 콘서트장에 일찍 도착했다.

해설 빈칸 뒤에 목적어가 없이 전치사구가 나오므로 빈칸은 1형식 자동사 자리이다. 따라서 (A) arrived가 정답이다.

어휘 early 일찍 arrive 도착하다 reach ~에 도착하다

Practice

| 1. (A) | 2. (B) | 3. (D) | 4. (A) | 5. (B) |

1.

정답 (A)

해석 우리 직원들 중의 일부가 세계 시장에 대해 배우기 위해 해외 지사로 출장을 갈 것이다.

해설 빈칸 뒤에 전치사구만 있으므로 빈칸이 1형식 자동사 자리임을 알 수 있다. 따라서 전치사 to와 어울려 쓰이는 (A) travel이 정답이다.

어휘 some 일부 employee 직원 overseas 해외의 learn about ~에 관해 배우다 global 세계의 market 시장 travel to ~로 출장 가다 visit 방문하다 prefer ~을 선호하다 take ~을 가져가다 item 물품

2.

정답 (B)

해석 합병 후에, 아스트라 사는 매우 수익성이 좋게 되었다.

해설 빈칸 앞에 2형식 자동사 become이 있으므로 빈칸은 주격보어 자리이다. 명사와 형용사가 주격보어 역할을 할 수 있지만 명사일 경우, 「아스트라 사 = 수익」의 관계가 성립하지 않으므로 형용사 (B) profitable이 정답이다.

어휘 after ~후에 merger 합병 corporation ~사, 회사 become ~이 되다 very 매우 profit v. 수익을 얻다 n. 수익 profitable 수익성이 좋은

3.

정답 (D)

해석 새 소프트웨어의 시험 사용 후에, 배송부는 원래의 시스템으로 돌아가기로 결정했다.

해설 빈칸 뒤에 전치사구만 있으므로 빈칸이 1형식 자동사 자리임을 알 수 있다. 따라서 방향을 나타내는 전치사 to와 어울려 쓰이는 (D) return이 정답이다.

어휘 trial 시험 (사용) shipping 배송 department 부서 decide to do ~하기로 결정하다 original 원래의 resist 저항하다 request ~을 요청하다 return to ~로 돌아가다

4.

정답 (A)

해석 에반스 씨는 모든 양식들이 작성 완료됐는지 확실히 하기 위해 서류들을 검토할 것이다.

해설 빈칸 앞에 2형식 자동사 be동사가 있으므로 빈칸은 주격보어 자리이다. 명사와 형용사가 주격보어 역할을 할 수 있지만 명사일 경우, 「모든 양식들 = 완료」의 관계가 성립하지 않으므로 형용사 (A) complete이 정답이다.

어휘 review ~을 검토하다 document 서류 make sure that ~을 확실히 하다 form 양식 complete a. 작성 완료된 v. ~을 완료하다 completely 완전히 completion 완료

5.

정답 (B)

해석 와일드 여행사의 매출이 지난 10년동안 급격히 상승해왔다.

해설 빈칸 앞에 1형식 자동사 rise가 있으므로 빈칸은 자동사를 수식할 부사 자리이다. 따라서 (B) sharply가 정답이다.

어휘 travel company 여행사 sales figure 매출 수치 rise 상승하다 last 지난 sharp 날카로운 sharply 급격히 sharpen ~을 날카롭게 하다 sharpness 날카로움

Day 03 빈출 장면_주택/기타 실내

Quiz

1.

(A) The woman is <u>mopping</u> the floor. [O]
(B) The woman is <u>arranging</u> cushions. [X]

(A) 여자가 바닥을 대걸레로 닦고 있다.
(B) 여자가 쿠션을 정리하고 있다.

어휘 mop ~을 대걸레로 닦다 floor 바닥 arrange ~을 정리하다

2.

(A) A screen is <u>hanging</u> on the wall. [O]
(B) A sofa is being <u>pushed</u> into a corner. [X]

(A) 텔레비전 화면이 벽에 걸려 있다.
(B) 소파가 구석으로 밀리고 있다.

어휘 hang 매달리다 push ~을 밀다

Practice

1. (B)	2. (A)	3. (D)	4. (C)	5. (A)

1.

(A) Some chairs are stacked on the floor.
(B) Some artworks are hanging on the wall.
(C) Some people are drawing a picture.
(D) A carpet is being installed.

(A) 의자들이 바닥에 쌓여 있다.
(B) 몇몇 미술품이 벽에 걸려 있다.
(C) 몇몇 사람들이 그림을 그리고 있다.
(D) 카펫이 설치되고 있는 중이다.

정답 (B)
해설 (A) 쌓여 있는 의자가 없으므로 오답.
　　 (B) 벽에 그림 몇 점이 걸려 있으므로 정답.
　　 (C) 그림을 그리는 사람들이 없으므로 오답.
　　 (D) 카펫은 이미 설치되어 있으므로 정답.
어휘 stack ~을 쌓다 floor 바닥 artwork 미술품, 예술품
　　 hang 걸리다, 매달리다 draw ~을 그리다 carpet 카펫
　　 install ~을 설치하다

2.

(A) A light fixture has been suspended over a table.
(B) Some windows are being wiped.
(C) A potted plant is on the floor.
(D) Some plates have been piled in a sink.

(A) 조명 기구가 테이블 위로 매달려 있다.
(B) 몇몇 창문이 닦이고 있는 중이다.
(C) 화분이 바닥에 있다.
(D) 몇몇 접시가 싱크대 안에 쌓여 있다.

정답 (A)
해설 (A) 조명 기구가 테이블 위에 위치하여 천장에 매달려 있으므

로 정답.

(B) 창문을 닦고 있는 사람이 없으므로 오답.

(C) 화분은 테이블 위에 위치해 있으므로 오답.

(D) 사진 속에 싱크대는 보이지 않으므로 오답.

어휘 light fixture 조명 기구 suspend ~을 매달다 over ~위로 wipe 닦다 potted 화분에 심은 plant 식물 plate 접시 pile ~을 쌓다, 포개다 sink 싱크대

3.

(A) A table has been set for a meal.

(B) A sofa is being pushed into a corner.

(C) A light fixture is hanging from the ceiling.

(D) Some artwork has been mounted on the wall.

(A) 테이블이 식사를 위해 차려져 있다.

(B) 소파가 구석으로 밀리고 있다.

(C) 조명 기구가 천장에 매달려 있다.

(D) 미술품이 벽에 고정되어 있다.

정답 (D)

해설 (A) 테이블 위에 접시나 식기구 등 식사를 위해 차려진 것이 없으므로 오답.

(B) 소파를 옮기는 사람은 보이지 않으므로 오답.

(C) 조명 기구는 바닥에 놓여져 있으므로 오답.

(D) 그림 액자가 벽에 걸려 있는 것을 확인할 수 있으므로 정답.

어휘 set a table 상을 차리다 hang 매달리다 ceiling 천장 artwork 미술품, 예술품 mount ~을 고정시키다

4.

(A) The man is trimming some bushes.

(B) The man is planting some flowers.

(C) The man is using a garden tool.

(D) The man is pushing a wheelbarrow.

(A) 남자가 덤불을 손질하고 있다.

(B) 남자가 몇몇 꽃을 심고 있다.

(C) 남자가 정원 도구를 사용하고 있다.

(D) 남자가 외바퀴 손수레를 밀고 있다.

정답 (C)

해설 (A) 남자가 덤불을 손질하고 있는 것은 아니므로 오답.

(B) 남자가 꽃에 물을 주고 있으며 심고 있는 것은 아니므로 오답.

(C) 남자가 정원 도구인 물뿌리개를 사용하고 있으므로 정답.

(D) 사진 속에 외바퀴 손수레가 없으므로 오답.

어휘 trim (끝부분을 잘라내어) 다듬다, 손질하다 bush 관목, 덤불 plant ~을 심다 garden tool 정원 도구 push ~을 밀다 wheelbarrow 외바퀴 손수레

5.

(A) A potted plant has been left on the floor.

(B) Some pillows are being arranged.

(C) A man is cleaning a window.

(D) Some artwork is propped against the sofa.

(A) 화분이 바닥에 놓여 있다.

(B) 쿠션이 정리되고 있다.

(C) 남자가 창문을 닦고 있다.

(D) 예술작품이 소파에 기대어져 있다.

정답 (A)

해설 (A) 화분에 심은 식물이 거실 오른쪽 바닥에 놓여져 있으므로 정답.

(B) 쿠션을 정리하고 있는 모습이 아니므로 오답.

(C) 남자는 바닥을 대걸레로 닦고 있으므로 오답.

(D) 소파에 기대어 놓인 미술품은 보이지 않으므로 오답.

어휘 be left 놓이다, 남겨지다 pillow 쿠션, 베개 arrange ~을 정리하다 be propped against ~에 기대어 있다

Day 04 동사의 종류 ❷

Practice

1. (D)	2. (D)	3. (B)	4. (C)	5. (D)

1.
정답 (D)

해석 인스킬 사는 새로운 포장 시스템을 도입해 비용을 줄이고자 한다.

해설 빈칸 뒤에 명사 목적어가 있으므로 3형식 타동사가 빈칸에 와야 한다. 따라서 3형식 타동사인 (D) reduce가 정답이다.

어휘 would like to do ~하고자 하다 cost 비용 by (방법) ~해서 introduce ~을 도입하다 packaging 포장 happen 일어나다 succeed 성공하다 rise 오르다 reduce ~을 줄이다

2.
정답 (D)

해석 공장 직원들에게 완전한 보호를 제공하기 위해, 경영진은 그들에게 안전모를 착용하도록 요구한다.

해설 빈칸 뒤에 사람명사구 factory workers와 사물 명사구 full protection이 나란히 있으므로 빈칸에는 두 개의 목적어를 가지는 4형식 타동사가 필요하다는 것을 알 수 있다. 따라서 4형식 타동사 (D) give가 정답이다.

어휘 in order to do ~하기 위해 factory 공장 full 완전한 protection 보호 management 경영(진) require A to do A에게 ~하도록 요구하다 wear ~을 착용하다 hard hat 안전모 hold ~을 개최하다 experience ~을 경험하다 complete ~을 완료하다 give A B A에게 B를 제공하다

3.
정답 (B)

해석 레즐리 씨는 고객 데이터베이스를 관리할 때 새로운 소프트웨어가 유익하다는 것을 알았다.

해설 빈칸 뒤에 명사 목적어와 그 뒤로 형용사 목적격보어가 이어져 있으므로 빈칸에는 5형식 타동사가 와야 한다. 따라서 5형식 타동사인 (B) found가 정답이다.

어휘 beneficial 유익한 manage ~을 관리하다 customer database 고객 데이터베이스 receive ~을 받다 find A 형용사 A가 ~하다는 것을 알다 renew ~을 갱신하다 increase ~을 증가시키다

4.
정답 (C)

해석 프랑크푸르트에 공장을 개장함으로써, 린던 자동차 회사는 유럽에서 자사의 사업체를 확장할 것이다.

해설 빈칸 뒤에 목적어가 있으므로 빈칸은 3형식 타동사가 들어갈 자리이다. 따라서 3형식 타동사인 (C) expand가 정답이다.

어휘 by (방법) ~해서 open ~을 개장하다 plant 공장 operation 사업체 grant ~을 허락하다 occur 발생하다 expand ~을 확장하다 arrive 도착하다

5.
정답 (D)

해석 저희는 웹사이트상에 있는 저희 제품 목록에 새로운 상품들을 추가해주실 것을 요청 드릴 것입니다.

해설 빈칸 앞에 5형식 타동사 ask와 목적어 you가 있으므로 빈칸은 목적격보어 자리이다. ask는 to부정사를 목적격보어로 가지는 동사이므로 (D) to add가 정답이다.

어휘 ask ~을 요청하다 new 새로운 item 제품 product 제품 list 목록 add ~을 추가하다 adding n. 추가 a. 추가의

Day 05 Weekly Test

VOCA

1. (C)	2. (B)	3. (A)	4. (C)	5. (A)
6. (B)	7. (D)	8. (C)		

7.
해석 상품 실험부에서는 7월에 고객 설문조사를 수행할 것이다.

해설 빈칸에는 상품 실험부가 고객 설문조사에 대해 할 수 있는 행동을 나타내야 하므로 '수행하다'라는 뜻을 가진 (D) conduct가 정답이다.

어휘 product 상품 testing 실험 division 부(서) customer 고객 survey 설문조사 appoint ~을 임명하다 operate ~을 운영하다 inspect ~을 점검하다 conduct ~을 수행하다

8.
해석 승객들은 다른 좌석으로 옮기는 것을 원할 경우에 승무원에게 알려야 한다.

해설 빈칸에는 자리를 옮기고 싶을 때 승객들이 승무원에게 해야 할 행동을 나타낼 수 있는 어휘가 필요하다. 따라서 '알리다'는 뜻의 (C) notify가 정답이다.

어휘 passenger 승객 flight attendant 승무원 wish ~을 원하다, 희망하다 move 옮기다 seat 좌석, 자리 extend ~을 연장하다 instruct ~을 지시하다 notify 알리다 announce ~을 발표하다

LC

1. (D)	2. (B)	3. (D)	4. (C)	5. (C)

1.

(A) The man is putting on an apron.
(B) The women are paying for their food.
(C) Some sandwiches are being wrapped.
(D) A man is standing behind a display case.

(A) 남자가 앞치마를 착용하고 있다.
(B) 여자들이 음식에 대한 비용을 지불하고 있다.
(C) 몇몇 샌드위치가 포장되고 있다.
(D) 한 남자가 진열장 뒤에 서 있다.

정답 (D)
해설 (A) 남자가 앞치마를 착용하는 동작을 하고 있지 않으므로 오답.
(B) 여자들이 음식을 쳐다보고 있으며 비용을 지불하고 있지 않으므로 오답.
(C) 샌드위치는 진열되어 있으며, 포장되고 있지 않으므로 오답.
(D) 진열장 뒤에 남자가 서 있으므로 정답.
어휘 wear ~을 착용하다, 쓰다 hat 모자 pay for ~에 대한 비용을 지불하다 wrap ~을 포장하다, 싸다 display case 진열장

2.

(A) A vendor is selling merchandise.
(B) The shelves are stocked with items.
(C) One of the women is putting her purchase into a bag.
(D) One of the women is arranging items.

(A) 판매자가 상품을 팔고 있다.
(B) 선반이 물품들로 채워져 있다.
(C) 여자들 중 한 명이 구매품을 가방에 넣고 있다.
(D) 여자들 중 한 명이 물품들을 정리하고 있다.

정답 (B)
해설 (A) 상품을 팔려는 판매자가 없으므로 오답.
(B) 선반 위에 많은 상품들이 진열되어 있으므로 정답.
(C) 여자들은 가방에 물건을 넣고 있지 않으므로 오답.
(D) 여자들은 상품을 들거나 가리키고 있으므로 오답.
어휘 vendor 판매자 sell 팔다 merchandise 상품 shelf 선반 be stocked with (상품 등) ~으로 채워져 있다 purchase 구매품 arrange ~을 정리하다, 배열하다

3.

(A) A woman is pouring some coffee.
(B) Shelves have been stocked with baked goods.
(C) One of the men is sipping from a coffee cup.
(D) A woman is wearing an apron.

(A) 여자가 커피를 붓고 있다.
(B) 선반이 제과류로 채워져 있다.
(C) 남자들 중 한 명이 커피잔을 홀짝이고 있다.
(D) 여자가 앞치마를 착용한 상태이다.

정답 (D)
해설 (A) 여자는 커피를 붓고 있는 동작을 하고 있지 않으므로 오

답.

(B) 선반은 컵과 그릇으로 채워져 있으므로 오답.

(C) 남자 중에 컵을 들고 마시는 동작을 하는 사람이 없으므로 오답.

(D) 여자는 앞치마를 착용한 상태이므로 정답.

어휘 pour ~을 붓다 baked goods 제과 제품 sip 홀짝이다, 조금씩 마시다 apron 앞치마

4.

(A) Some light fixtures are placed on the floor.

(B) A wall is decorated with a patterned design.

(C) Pillows are arranged on a couch.

(D) Some curtains have been pulled closed.

(A) 몇몇 조명 기구가 바닥 위에 놓여 있다.

(B) 벽이 문양이 있는 디자인으로 장식되어 있다.

(C) 쿠션이 소파 위에 정리되어 있다.

(D) 커튼이 닫혀 있다.

정답 (C)

해설 (A) 조명 기구는 천장과 테이블 위에 놓여 있으므로 오답.

(B) 벽에는 아무 문양이 없으므로 오답.

(C) 여러 개의 쿠션이 소파 위에 정리되어 있으므로 정답.

(D) 커튼은 모두 열려 있으므로 오답.

어휘 light fixture 조명 기구 be placed 놓여 있다 be decorated with ~로 장식되어 있다 patterned design 문양이 있는 디자인, 패턴이 있는 디자인 pillow 쿠션, 베개 couch 소파, 긴 의자

5.

(A) Cookware is being washed.

(B) Some pans have been placed on a counter.

(C) A man is cutting some food.

(D) A man is putting food onto a plate.

(A) 요리 기구가 세척되고 있다.

(B) 몇몇 냄비가 카운터 위에 놓여 있다.

(C) 한 남자가 음식을 자르고 있다.

(D) 한 남자가 접시에 음식을 올리고 있다.

정답 (C)

해설 (A) 남자는 요리 기구를 세척하고 있지 않으므로 오답.

(B) 조리대 위에 냄비가 없으므로 오답.

(C) 남자가 칼을 들고 채소를 자르고 있으므로 정답.

(D) 남자는 접시에 음식을 놓는 동작을 하고 있지 않으므로 오답.

어휘 cookware 요리 기구, 취사도구 pan 냄비 counter 카운터, 조리대, 판매대 plate 접시

RC

1. (A)	2. (B)	3. (A)	4. (B)	5. (C)
6. (C)	7. (D)	8. (A)	9. (A)	10. (A)

1.

정답 (A)

해석 보안 출입증을 받을 수 있도록 꼭 시간 맞춰 정문에 들르시기 바랍니다.

해설 빈칸 뒤에 전치사구가 있으므로 빈칸에는 1형식 자동사가 와야 한다. 따라서 (A) arrive가 정답이다.

어휘 be sure to do 꼭 ~하다 main entrance 정문 in time 시간 맞춰 so that ~할 수 있도록 obtain ~을 얻다 security pass 보안 출입증 arrive 도착하다 bring ~을 가져다주다 secure ~을 확보하다 find ~라고 생각하다

2.

정답 (B)

해석 간행물의 배포는 연구결과가 더욱 많은 독자들에게 보여지게 할 것이다.

해설 빈칸 다음에 목적어가 하나 있으므로 3형식 타동사 (B) reach 가 정답이다.

어휘 distribution 배포 publication 간행(물) ensure ~을 확실하게 해주다 findings 결과(물) audience 독자, 청중, 관객 stay 머무르다 reach ~에게 보여지다, 닿다 award 상을 주다 arrive 도착하다

3.

정답 (A)

해석 부모님들은 아이들의 식사와 관련된 요구사항에 어떠한 변화

가 있던지 교사들이 알 수 있게 해줘야 한다.

해설 빈칸 뒤에 목적어와 목적격보어가 있으므로 5형식 타동사 (A) keep이 정답이다.

어휘 parents 부모님 teacher 교사 informed of ~에 대해 아는 change 변화 dietary 식사의 need 요구사항 keep (특정 상태를) 유지하다 notify 통지하다 talk 이야기하다 help 도움을 주다

4.

정답 (B)

해석 박 씨는 오늘 열릴 야외 직판장이 악천후에 대한 보도에도 불구하고 문을 열 것으로 예상하고 있다.

해설 to부정사로 쓰일 동사를 고르는 문제로, 빈칸 다음에 형용사가 있으므로 형용사 보어와 함께 쓰이는 2형식 동사 (B) remain 이 정답이다.

어휘 expect ~을 예상하다 outdoor 야외의 market 직판장 open 문을 연 despite ~에도 불구하고 report 보도 bad weather 악천후 hold ~을 개최하다 remain ~한 상태로 있다 continue ~을 지속하다 maintain ~을 유지하다

5.

정답 (C)

해석 몇몇 채용 전문가들은 상사를 설득해서 연봉 인상을 받는 데 유용할 수 있는 다섯 단어를 찾아냈다.

해설 빈칸 다음에 목적어 2개가 있으므로 4형식 타동사 (C) give가 정답이다.

어휘 identify ~을 찾다, 확인하다 persuade ~을 설득하다 boss 상사 raise (급여 등의) 인상 implement ~을 이행하다 react 반응하다 give ~을 주다 consider ~을 생각하다

6.

정답 (C)

해석 작문 세미나에 참석할 예정인 직원들은 반드시 5월 15일까지 등록해야 한다.

해설 빈칸 뒤에 목적어가 있고, 장소를 나타내므로 '~에 참석하다' 라는 뜻의 3형식 타동사 (C) attend가 정답이다.

어휘 employee 직원 admit ~을 인정하다 participate 참가하다 attend ~에 참석하다 proceed 나아가다

7.

정답 (D)

해석 케치 테크 사에서 개발된 소프트웨어는 사용자들이 다양한 데이터베이스 업무를 자동화할 수 있게 할 것이다.

해설 빈칸 뒤에 목적어와 목적격보어 역할을 하는 to부정사가 있으므로 빈칸에는 5형식 타동사가 와야 한다. 따라서 (D) allow 가 정답이다.

어휘 user 사용자 automate ~을 자동화하다 task 업무 avoid ~을 피하다 provide ~을 제공하다 show ~을 보여주다 allow ~할 수 있게 하다

8.

정답 (A)

해석 월루스 사에서 일하는 일부 작가들은 소규모 그룹을 이뤄 세계 여러 곳으로 돌아다닌다.

해설 빈칸 뒤에 전치사구가 있으므로 빈칸에는 1형식 자동사가 와야 한다. 따라서 (A) travel이 정답이다.

어휘 writer 작가 work for ~에서 일하다 international 세계의 location 장소, 위치 travel 여행하다 remain ~인 상태로 남아있다 lend ~을 빌려주다 appoint ~을 임명하다

9.

정답 (A)

해석 익사이팅 DVD 회사는 고객들에게 주문형 비디오 시스템과 개봉작 익일 배송 서비스 중에서 하나의 선택권을 고객들에게 제공한다.

해설 빈칸 뒤에 두 개의 목적어가 있으므로 빈칸에는 4형식 타동사가 들어가야 한다. 따라서 (A) offers가 정답이다.

어휘 customer 고객 choice 선택권 video on demand 주문형 비디오 시스템 overnight 익일의 shipping 배송 new release 개봉작 offer ~을 제공하다 suggest ~을 제안하다 instruct ~을 지시하다 recommend ~을 추천하다

10.

정답 (A)

해석 인사부장은 그 직무에 관심이 있는 단 3명의 사람들에게서만 지원서를 받았다.

해설 빈칸 뒤에 목적어가 한 개 있으므로 빈칸에는 3형식 타동사가 와야 하는데 인사부장은 지원서를 받는 주체이므로 '~을 받다'라는 뜻의 (A) received가 정답이다.

어휘 human resources 인사 director 부장 application 지원(서), 신청(서) interested 관심이 있는 position 직무 receive ~을 받다 retire 은퇴하다 apply ~을 신청하다 look 보다

시원스쿨 LAB